Picard

CATALOGUE

DES

OBJETS DE VITRINE

ET DE

CURIOSITÉ

ÉTUIS, BOITES, MONTRES, CHATELAINES

Bijoux et Miniatures

ORFÈVRERIE ANCIENNE ET MODERNE

PORCELAINES DE SÈVRES, PATE TENDRE

DE SAXE ET DE CHINE

Objets variés, Jades

PENDULE, BRONZES D'ART

DONT LA VENTE AURA LIEU

HOTEL DROUOT, SALLE N° 10

Les Mardi 14 et Mercredi 15 Décembre 1897

A DEUX HEURES

COMMISSAIRE-PRISEUR	EXPERTS
M° PAUL CHEVALLIER	**MM. MANNHEIM**
10, rue de la Grange-Batelière, 10	7, rue Saint-Georges, 7

EXPOSITION PUBLIQUE

Le Lundi 13 Décembre 1897, de 1 heure 1/2 à 5 heures 1/2

CONDITIONS DE LA VENTE

Elle sera faite au comptant.

Les acquéreurs paieront *cinq pour cent* en sus des adjudications.

L'exposition mettant le public à même de se rendre compte de l'état et de la nature des objets, il ne sera admis aucune réclamation une fois l'adjudication prononcée.

Paris. — Imp. de l'Art, E. Moreau et Cie, 41, rue de la Victoire.

DÉSIGNATION DES OBJETS

BOITES, ÉTUIS

1 — Grande boîte ovale en or guilloché, émaillée violet et enrichie de rosaces, fleurs, feuillages et pilastres ornés, émaillés rouge et vert émeraude. Cette boîte, qui date de l'époque Louis XVI, a été réémaillée en partie.

2 — Boîte oblongue en or guilloché, émaillée gros bleu ; le dessus est décoré d'un sujet de l'histoire grecque : l'Enlèvement d'Hélène, finement peint en couleurs, et encadré de feuillages incrustés de demi-perles se détachant sur un fond d'émail noir. Le fond de la boîte est encadré d'une bordure analogue à celle qui précède, mais dans celle-ci les perles sont remplacées par de l'émail bleu. Travail de Genève du temps de Louis XVI.

3 — Boîte oblongue, forme dite baignoire, en or
guilloché, émaillée gris de fer et enrichie de
rosaces et de cordons de feuillages en relief,
émaillés vert émeraude et rouge rubis ; les panneaux de la boîte sont bordés de points d'émail
blanc imitant des demi-perles. Époque Louis
XVI. L'émail gris de fer a été refait.

4 — Bonbonnière, forme dite ballon, en or guilloché et émaillé, décorée d'arbustes en camaïeu
brun sur fond clair ; elle est enrichie de cordons de feuillages émaillés vert émeraude, et
de points d'émail rouge rubis et blanc, ces
derniers simulant des demi-perles. Époque
Louis XVI.

5 — Boîte oblongue en or guilloché à losanges et
émaillée gros bleu : le dessus présente un paysage avec cours d'eau finement peint sur émail
dans le goût de Joseph Vernet, encadré de
fleurs, coquilles et ornements gravés, et réservés sur fond d'émail noir. Les panneaux du
pourtour et le fond sont encadrés d'ornements
gravés sur fond d'émail blanc ; chacun des pans
coupés présente un vase gravé réservé sur
fond d'émail noir. Travail de Genève du temps
de Louis XVI.

6 — Boîte ronde montée en or gravé, à ornements et pourtour en verre violet ; le dessus et le fond sont occupés par deux miniatures sur ivoire, qui représentent des portraits de femmes, l'une d'elles assise devant un clavecin et l'autre s'appuyant sur une corbeille de fleurs. Une étiquette manuscrite placée à l'intérieur de la boîte, qui est doublée en écaille, porte l'inscription suivante : *Les cousines Neurac à Victorine de Sueth, ma nièce.* Époque Louis XVI.

7 — Drageoir oblong et à pans, du temps de Louis XIII, en fer repoussé à fleurs et repercé à jour, enrichi, au fond et sur le dessus, de plaques de cristal de roche gravé, à corbeilles de fleurs et oiseaux.

8 — Petite boîte oblongue à pans coupés, montée à cage en or gravé et garnie de panneaux de cristal de roche uni. Époque Louis XVI.

9 — Boîte oblongue en ancienne porcelaine de Saxe, décorée de groupes d'oiseaux dans des paysages, montée à gorge, à charnières en or, à moulures ondulées. L'intérieur du couvercle présente une vue de port de mer en couleurs.

10 — Petite boîte oblongue en ancienne porcelaine
de Saxe, décorée de paysages animés par quan-
tité de figures, finement peints en couleurs et
encadrés d'ornements rocaille gaufrés en relief.
L'intérieur du couvercle représente une vue de
ville traversée par un cours d'eau. Monture à
charnières en or ciselé, à fleurs et ornements.

11 — Petite boîte à musique, de forme oblongue, à
angles arrondis en or guilloché et feuilles gravées, avec panneaux encadrés d'ornements
gravés, rehaussés d'émail bleu. Le dessus est
formé d'une peinture sur émail qui représente
un paysage suisse. Travail de Genève de la fin
du xviiie siècle.

12 — Petite boîte oblongue en cristal de roche
gravé à l'imitation de vannerie, et montée à
gorge, à charnières en or gravé, à postes et
rangs de points d'émail blanc imitant les demi-
perles.

13 — Petite boîte, de forme contournée, en caillou
d'Égypte, montée à gorge, à charnières en or
gravé, à fleurs et ornements. Époque de la
Régence.

14 — Drageoir oblong en argent gravé et doré, décoré d'ornements en relief dans le goût de la Régence.

15 — Bonbonnière ronde, du temps de Louis XVI, en cuivre doré, décorée de rosaces, de cannelures et d'ornements gravés. Elle est doublée en écaille.

16 — Bonbonnière ronde, du temps de Louis XVI, décorée de lames de burgau et d'or, et galonnée d'or à feuillages en relief; sur le dessus, une petite miniature ovale, portrait de femme, a été rapportée.

17 — Boîte ronde en écaille noire, ornée sur le dessus d'une miniature sur vélin qui représente un paysage encadré d'or gravé.

18 — Boîte oblongue en écaille noire, offrant sur le couvercle un buste de Napoléon Ier, de profil à gauche, exécuté en cire blanche et placé dans un cadre formé d'un rang de brillants. A droite et à gauche de ce cadre, est placée l'initiale N surmontée de la couronne impériale; le tout exécuté en diamants.

19 — Boîte de gilet en écaille brune, montée à

charnières en argent doré ; le dessus, incrusté
de fleurs aux angles et d'un motif d'ornements
en or gravé. Époque Empire.

20 — Étui Louis XVI, de forme aplatie, et à pans
en or émaillé, en plein, à ornements de couleurs
variées et enrichi sur ses deux faces de deux
figurines de femmes debout. Il offre de plus
trois rangs de demi-perles.

21 — Étui Louis XVI ovale, de plan, en or émaillé
gros bleu, étoilé d'or et enrichi de bordures de
feuillages ciselés en relief et émaillés vert et
blanc.

22 — Étui Louis XVI, de forme ovale, en or émaillé
gros bleu, avec panneaux bordés de filets
d'émail blanc et motifs d'ornements, et rosace
en or de couleur. Le fond d'émail bleu a été
refait.

23 — Étui cylindrique en ancienne porcelaine de
Saxe, décoré de fleurs polychromes et bordé,
haut et bas, d'imbrications carmin.

24 — Étui ovale en écaille brune, piquée d'or, à
ornements et trophée. Il est monté en or.
XVIIIe siècle.

25 — Petit étui-cachet en argent repoussé. Travail hollandais du temps de Louis XV.

26 — Boîte ronde en argent ciselé, composée de deux fonds de montres, à figures et ornements en relief.

27 — Boîte ronde en ivoire, ornée d'une miniature : Bacchanale et cerclée de cuivre.

28 — Boîte ronde en écaille, ornée d'une miniature : Portrait de femme. Signée : *F. Rhode.*

29 — Boîte ronde en poudre d'écaille grise, ornée d'un petit bas-relief ajouré en ivoire, à sujet d'amour encadré d'un double galon d'or.

30 — Boîte ronde en écaille brune, décorée d'un buste de Napoléon Ier en cire colorée, signé : *Courignet.*

31 — Boîte ronde en écaille brune, ornée d'une mosaïque de Rome : le Colisée.

32 — Étui cylindrique ajouré, contenant un dévidoir en ivoire, à décor de médaillons à sujets galants et attributs. Époque Louis XV.

MONTRES ET CHATELAINES

33 — Châtelaine Louis XV en or émaillé en plein, à sujets dans le goût de Téniers et fleurs avec encadrements rocaille réservés en or.

34 — Montre Louis XV en or gravé, à fleurs et feuillages et émaillés bleu translucide sur fond rayonnant. Le cadran émaillé présente une vue de parc à son centre et le mouvement porte gravé le nom de *J. Ekeroth, Stockholm.*

35 — Montre Louis XV, à cuvette et pourtour de la lunette en cuivre émaillé, à fleurs polychromes sur fond brun clair, aiguilles en roses. Elle est montée en or.

36 — Montre Louis XV, à cuvette émaillée, représentant une scène de l'Huître et les Plaideurs. Elle est montée en or gravé et émaillé; sa bélière et son poussoir sont formés chacun d'une rose. Le mouvement porte le nom gravé de *Champion, à Rennes.*

37 — Montre Louis XVI, à répétition, en or de couleur ciselé, à festons de laurier, feuillages

et ornements, enrichie d'un médaillon peint sur
émail, représentant un groupe de trois personnages.

38 — Montre et sa châtelaine en or, argent, émail
et pierres de couleurs, à décor de rosaces reliées
par des chaînettes formées de petits disques
ajourés. XVIIIᵉ siècle.

39 — Montre en argent, à double boîtier ; l'un d'eux
signé *Cochin* et représentant : le Jugement de
Salomon, en relief, encadré de fleurs et d'ornements. Époque Louis XV.

40 — Montre analogue à celle qui précède. Le
sujet de celle-ci est signé : *Mauris*. Époque
Louis XV.

41 — Autre montre en argent, à double boîtier ;
l'un d'eux repoussé représente : Diane au repos.
Signé : *Cochin*. Le mouvement porte le nom de
Martineau. London. Époque Louis XV.

42 — Montre à répétition, à double boîtier ; l'un
d'eux, décoré de fleurs et de rocailles en relief
est repercé à jour.

43 — Châtelaine avec montre en or ciselé et émaillé

gros bleu et fleurs de lys rapportées ; le haut de
la châtelaine présente deux écussons d'armoiries
avec supports formés de lions rampants et sur-
montés d'une couronne comtale enrichie de
perles et pierres fines. La montre est en or
ciselé avec chiffre (C D) rapporté sur fond
d'émail bleu.

44 — Châtelaine en or ciselé, de style Louis XV,
avec plaques émaillées, couleur jaspe, ornées
de bouquets de fleurs exécutées en roses.

45 — Châtelaine de style Louis XVI, en or de
couleur ciselé, à fleurs et attributs.

46 — Crochet de montre en or de couleur ciselé,
le haut décoré d'une miniature : portrait de
femme.

47 — Breloquet, de style Louis XVI, avec clef, en
or gravé et chaînons repercés.

BIJOUX, OBJETS DE VITRINE

48 — Flacon Louis XVI, de forme allongée et plate,
en or émaillé, décoré sur chacune de ses faces

d'une figure debout en grisaille sur fond opalin,
représentant l'une Apollon et l'autre une Bac-
chante. Ces sujets sont encadrés d'ornements
gravés et les contours de la pièce offrent une
grecque émaillée blanc. Le bouchon est émaillé
bleu et blanc.

49 — Flacon de poche en cristal taillé à pans, garni
en or ciselé et repercé à jour, avec bouchon sur-
monté d'une flamme également en or.

50 — Bague, en forme de losange, en or, argent et
stras. Époque Louis XVI.

51 — Bague en stras et pierres de couleur, monture
en or et argent. Époque Louis XVI.

52 — Bague marquise, de forme ovale, aigue marine
entourée d'un rang de stras. Travail espagnol
de la fin du xviiie siècle.

53 — Bague avec chaton ovale, formée d'un péridot
entouré d'un rang de stras. Travail espagnol
de la fin du xviiie siècle.

54 — Petite broche formée d'une corbeille de fleurs
en diamants et pierres de couleur; au centre,
un gros diamant jaune.

55 — Broche en roses, ornements et fleurs de lys ;
au centre, un péridot de forme oblongue.

56 — Bague Louis XIII en or émaillé, avec chaton
orné d'une pierre.

57 — Bague Louis XV en or ciselé et motifs d'ornements exécutés en rubis et émeraudes.

58 — Bague Louis XV en or ciselé et rosace exé-
cutée en diamants.

59 — Bague : aigue marine et rose, monture en or
et argent. Époque Louis XV.

60 — Deux broches en argent ciselé et repercé à
jour, de style Louis XIII.

61 — Broche, formée d'une potence en argent, style
ferronnerie, avec armes de France réservées
sur fond d'émail bleu et devise : à l'Écu de
France.

62 — Broche rectangulaire, de style Louis XVI,
en or ciselé et émaillé bleu, ornée d'une miniature sur ivoire : Jeux d'amours.

63 — Petite broche, de même travail, mais de
forme ovale.

64 — Bracelet en or avec montre, de style étrusque, à filigranes, avec roses au cadran.

65 — Bracelet en or rouge poli, fils carrés avec branche ornée de demi-perles.

66 — Bracelet, de style Renaissance, en or ciselé, repercé à jour avec fleurs de lys émaillées blanc, et appliques formant broche, orné d'un portrait de femme, peint sur émail, entouré d'ornements ciselés et émaillés blanc avec chiffres de Diane de Poitiers.

67 — Pendant de col, forme nœud, avec pendeloque en topazes verdâtre et blanche, monture en argent. Travail portugais du temps de Louis XVI.

68 — Broche, forme fleur, en or filigrané. Épingle cauchoise.

69 — Broche, en or ciselé, repercé à jour et roses. Épingle hollandaise.

70 — Aigrette en cailloux du Rhin montés sur argent. XVIIIᵉ siècle.

71 à 74 — Neuf boucles en cailloux du Rhin variées de formes et de dimensions. (Ce lot sera divisé.)

**

75 — Collier en chrysolithes, feuillages de laurier. Travail espagnol du temps de Louis XVI.

76 — Deux boucles d'oreilles portugaises, en cailloux du Rhin.

77 — Quatre pièces : deux petites boucles rectangulaires en cailloux du Rhin ; une petite boucle ronde et une demi-boucle de jarretière en cailloux du Rhin. XVIIIe siècle.

78 — Deux épingles de coiffure en écaille, ornées de nœuds en stras.

79 -- Boutón en cailloux du Rhin.

80 — Bracelet, formé d'une double chaîne gourmette, en or, avec le nom Marie exécuté en roses.

81 — Grattoir à manche d'argent, de style Louis XV.

82 — Bijou-pendentif en or émaillé, enrichi de pierres de couleur, formé d'une rosace ajourée à laquelle est suspendu un Saint-Esprit. Époque Louis XIII.

83 — Petite cassolette de suspension, de forme

obconique, avec bouchon simulant une tête de
sphinx, en argent émaillé.

84 — Deux porte-tasses en argent ajouré, gravé et
émaillé, à décor de fleurs et rinceaux.

85 — Cassolette-pendentif en or, décorée de fleurettes et munie de deux anneaux de suspension
retenus par des dragons. Travail oriental.

86 — Flacon à parfums en cuivre émaillé, décor à
fond bleu. Travail oriental.

87 — Camée en jaspe vert sanguin : Tête de Christ,
dans un cadre en cuivre émaillé. Travail espagnol.

88 — Cachet à poignée d'agate-onyx, à triple tête
d'homme ; garnitures d'or.

89 — Silhouette dorée de Louis XV, dans un cercle
d'or. Cadre en bronze.

90 — Petite peinture sur lapis : Sainte Famille.
Travail italien du xvie siècle. Cadre en bois
doré.

91 — Paire d'anneaux en argent émaillé bleu et
vert, à décor de rinceaux.

MINIATURÉS, PEINTURES SUR ÉMAIL

92 — Miniature ovale sur ivoire, par *C. Augustin* (signée) : Portrait du général Peuillier, selon une note placée au revers ; il est vêtu d'un habit marron et est représenté nu-tête. Cadre en cuivre.

93 — Miniature ovale sur ivoire, du XVIIIe siècle : Portrait d'homme en habit rouge brodé d'or, coiffé de la perruque. Cadre en bronze à rubans.

94 — Miniature ovale sur ivoire, par *Lagrénée*, signée et datée 1774 : Portrait de Mlle Colombe, selon une note placée en revers. Cadre en cuivre.

95 — Miniature ovale, attribuée à *Cooper* : Portrait d'homme portant l'armure, avec cravate de dentelle ; cheveux longs. Cadre en or.

96 — Miniature ovale sur ivoire : Portrait de jeune fille, vêtue de blanc avec ruban et ceinture bleues. École anglaise. Cadre en cuivre.

97 — Miniature ovale sur ivoire : Portrait de jeune

fille, en corsage marron avec devant blanc, cheveux poudrés. École anglaise. Cadre en cuivre.

98 — Miniature ovale sur ivoire: Portrait de jeune fille, vêtue d'un corsage bleu pâle. École anglaise. Cadre en bronze.

99 — Miniature ovale sur ivoire : Portrait de Louis XVI, en habit bleu. Cadre en cuivre.

100 — Miniature ovale sur ivoire: Portrait d'homme, en habit gros bleu, avec cravate blanche. Cadre en cuivre.

101 — Miniature ovale sur ivoire : Portrait de Napoléon Ier. Cadre en bronze.

102 — Médaillon ovale, peint sur émail : Portrait d'homme portant l'armure et la perruque. XVIIe siècle. Cadre en cuivre.

103 — Médaillon ovale peint sur émail : Portrait d'homme vêtu d'une draperie rouge bordée d'hermine et portant la perruque. XVIIe siècle. Cadre pavé de stras.

104 — Médaillon ovale peint sur émail : Portrait

de femme vêtue d'un corsage jaune et portant
un bonnet avec ruban blanc. XVIIIe siècle. Cadre
en cuivre.

105 — Médaillon ovale peint sur émail par *Hubert*
(signé) : Portrait de femme en corsage gris avec
fichu et bonnet blancs. Cadre en cuivre.

106 — Petit médaillon ovale peint sur émail : Portrait d'homme en habit rouge avec croix d'ordre,
perruque poudrée. XVIIIe siècle. Cadre en cuivre.

107 — Médaillon ovale peint sur émail : Portrait
de femme en corsage rouge décolleté, les cheveux poudrés. Cadre en argent doré.

108 — Médaillon ovale peint sur émail : Portrait
d'homme en habit bleu, coiffé de la perruque.
XVIIIe siècle. Cadre en cuivre.

109 — Médaillon rond peint sur émail, par *Bone*
(*Henry-Pierce*), peintre émailleur anglais : Portrait d'*Anne de Clèves*, d'après *B. Van Orlay*.
Londres. Déc. 1845, selon une inscription placée
au revers. Encadré.

110 — Médaillon ovale peint sur émail, attribué à

Bone : Portrait de femme vêtue de blanc avec draperie bleue et se regardant dans un miroir. Cadre en bronze doré.

111 — Plaque oblongue peinte sur émail, attribuée à *Bone :* Portrait de femme en costume Renaissance. Cadre en bronze doré.

ORFÉVRERIE ANCIENNE ET MODERNE

PLAQUÉ

112 — Paire de flambeaux-balustres en argent doré, à décor de motifs rocaille, cordons de piécettes, oves et cartouches. Poinçons d'Éloi Brichard, sous-fermier des droits de marque, 1761-62. Époque Louis XV.

113 — Paire de flambeaux-balustres, à huit pans, en argent uni, pieds ornés de moulures. XVIIe siècle.

114 — Paire de flambeaux colonnettes cannelées en argent. Époque Louis XVI.

115 — Grand légumier rond avec couvercle en argent, du temps de Louis XVI ; le décor se

compose de cartouches, de feuilles de chêne et
de laurier; bouton de couvercle en forme de
graine anses-branchages; pieds contournés.

116 — Cave à liqueurs en argent ciselé et doré,
composée d'un porte-huilier du temps de
Louis XVI, formé d'une poignée-colonnette et
d'un plateau ovale. Il contient deux flacons avec
bouchons et douze petits verres en cristal
gravé.

117 — Bassin, de forme oblongue, en argent, à
décor de moulures avec armoiries gravées au
centre. Époque Louis XVI. Poinçons de Henri
Clavel, régisseur général des droits de marque. 1780-89.

118 — Chocolatière en argent, à trois pieds, décor
de rinceaux gravés et de mascarons. XVIIIe siècle.

119 — Aiguière et bassin, à bords festonnés, en
argent du XVIIIe siècle, décor de moulures.

120 — Sucrier avec couvercle, de forme ovale, avec
son plateau en argent; décor de cannelures,
cordons de perles, fleurs et cartouches; intérieur
en verre bleu. Époque Louis XVI.

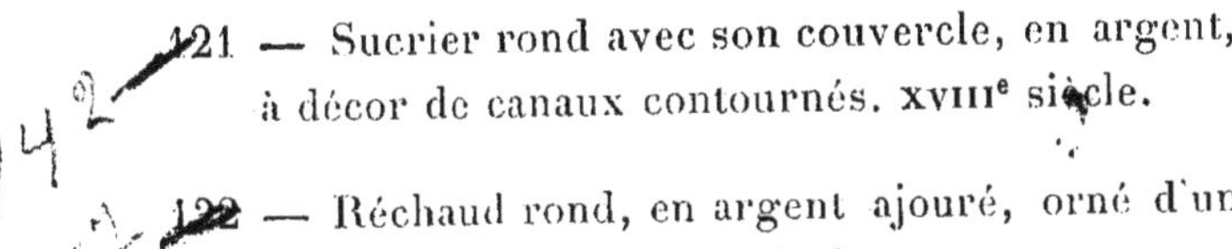

121 — Sucrier rond avec son couvercle, en argent,
à décor de canaux contournés. XVIIIe siècle.

122 — Réchaud rond, en argent ajouré, orné d'un
écusson armorié. XVIIIe siècle.

123 — Deux salières ovales, en argent, guirlandes
et mascarons, intérieurs en verre bleu. Époque
Louis XVI.

124 — Timbale en argent, à décor de quadrillés et
de pendentifs gravés; culot à godrons, intérieur
doré. XVIIIe siècle.

125 — Autre, analogue à la précédente. XVIIIe siècle.

126 — Boîte à poudre cylindrique avec couvercle,
en argent uni. Vieux Paris. XVIIIe siècle.

127 — Petit pot à lait, en argent uni, manche en
bois. XVIIIe siècle.

128 — Cuiller à saupoudrer, en argent ajouré et
doré; cuilleron coquille, manche à motifs
rocaille.

129 — Coupe ronde sur piédouche, en argent ciselé
et doré, à décor de mascarons et de rinceaux.
Travail portugais du XVIIe siècle.

250 130 — Coupe ronde sur piédouche, en argent ciselé, partiellement doré, à décor de mascarons avec sujet symbolique sur l'ombilic. Travail portugais du xviie siècle.

75 { 131 — Petite boîte à thé hexagonale, en argent, traces de dorure. Ancien travail hollandais.

132 — Petite lampe de réchaud avec couvercle, en argent. Époque Louis XVI.

86 133 — Petite jardinière ronde, en argent, bordure ajourée et à motifs rocaille, sur trois petits pieds. Travail hollandais. xviiie siècle.

140 134 — Bassin de forme quadrilobée, en argent ; bordure ornée de motifs réguliers en relief ; écusson armorié gravé.

200 135 — Légumier rond à anses et couvercle, en argent, de style Louis XV ; décor de côtes torses ; bouton de couvercle en forme d'artichaut.

136 — Écuelle ronde à oreilles et avec couvercle, en argent ; couvercle décoré de guirlandes de fleurs. Style Louis XVI.

190 137 — Grande écuelle à oreilles plates et couvercle,
en argent, de style Louis XVI; couvercle orné
de guirlandes de fleurs, cartouches et godrons
obliques.

206 138 — Légumier avec son couvercle et anses branchages, en argent, à décor de cannelures ruden-
tées; bouton du couvercle en pomme de pin.
Style Louis XVI.

175 139 — Écuelle couverte, à anses plates, avec son
plateau en argent ciselé; décor de fleurons,
palmettes et entrelacs; bouton de couvercle
godronné. Style Régence.

465 140 — Aiguière et son bassin, en argent, de style
Louis XV; décor de cartouches, de guirlandes,
de roseaux et de rocailles. Bordure de baguet-
tes enguirlandées de fleurs.

120 141 — Confiturier couvert en cristal doré; monture
en argent doré de style Louis XVI.

180 142 — Saucière sur plateau fixe, en argent, à décor
de feuillages gravés et bordés d'oves. Style
Louis XVI.

143 — Saucière sur plateau fixe, en argent, décorée

de guirlandes et bordée de moulures. Style Louis XVI.

144 — Plateau de forme contournée, en argent, à bordure ornée de motifs rocaille. Style Louis XV.

145 — Deux plats longs à bords contournés, en argent, à bordures ornées de motifs rocaille. Style Louis XV.

146 — Grand plat ovale en argent, bordure de palmettes. Style Empire.

147 — Grand plat rond à contours. Style Louis XV.

148-149 — Cinq plats ronds à bords festonnés, en argent, à bords ornés de petits godrons. Style Louis XIV. En deux dimensions.

150 — Petit plat en argent, de style Louis XV ; bords contournés ornés de moulures.

151 — Assiette ronde en argent, bordure à filets.

152 — Paire de grands candélabres à neuf lumières, de style Louis XV, en plaqué, à tiges ornées de cariatides adossées et à bases décorées de motifs rocaille.

155 — Grande jardinière oblongue en plaqué, de
style Louis XV ; décor de cartouches, fleurs et
motifs rocaille ; pieds contournés.

PORCELAINES DE SÈVRES

ET DE VINCENNES

154 — Deux cache-pots en ancienne porcelaine
tendre de Vincennes, à décor de réserves d'oiseaux et arbustes, encadrés de feuillages dorés
et se détachant sur fond bleu turquoise; petites
anses rehaussées de dorure. Année 1754.

155 — Tasse de forme arrondie et sa soucoupe en
ancienne porcelaine tendre de Sèvres, à décor
de rinceaux, rosaces, guirlandes de feuillages
et points d'émail polychromes et en relief. Ors
par *Vincent*.

156 — Tasse-trembleuse avec son présentoir et son
couvercle en ancienne porcelaine tendre de
Sèvres, décor de fleurs dans des réserves bor-
dées de feuilles et se détachant sur fond œil de
perdrix. Décor par *Taillandier*.

157 — Tasse droite et sa soucoupe en ancienne

porcelaine tendre de Sèvres, à décor de réserves à fleurs et fruits encadrés de vert sur fond rose.

158 — Tasse-mignonette de forme droite et soucoupe en ancienne porcelaine tendre de Sèvres, à décor de fleurettes semées. Lettres *FF* : année 1782.

159 — Petit vase avec couvercle en ancienne porcelaine tendre de Sèvres, à fond bleu; couvercle et col à gorge ornés de chevrons réservés en blanc ; base en bronze.

160 — Garniture de trois vases avec leurs couvercles en ancienne porcelaine tendre de Sèvres, émaillée en bleu dit de Vincennes; montures en bronze ciselé et doré, composées d'un piédouche cannelé, de deux anses, d'une gorge ajourée et d'une gaine de couvercle ; la monture du grand vase diffère de celles des petits.

161 — Vase simulant une lampe antique et formé d'un bourdaloue en ancienne porcelaine tendre de Sèvres, à décor de paysages, sur fond bleu chargé de guirlandes et quadrillés dorés; monture en bronze doré, avec anse composée d'un cygne.

162 — Vase pouvant faire pendant au précédent : le bourdaloue également en ancienne porcelaine tendre de Sèvres y est décoré de réserves et de fleurs sur fond bleu dit de Vincennes.

163 — Deux seaux à rafraîchir avec couvercles et doubles-fonds en ancienne porcelaine tendre de Sèvres, à décor de fleurs en couleurs, filets et hachures bleus. Lettre *M*, année 1764. Décor par *Micaud*.

164 — Beurrier ovale avec son couvercle en ancienne porcelaine tendre de Sèvres, à décor de réserves contenant un Amour sur un dauphin, des fleurs et des attributs variés et se détachant sur fond bleu caillouté d'or ; intérieur émaillé bleu et également caillouté d'or.

165 — Jardinière oblongue en ancienne porcelaine tendre de Sèvres, décorée de deux rosaces contenant des scènes champêtres et se détachant sur un fond bleu dit de Vincennes, chargé de rinceaux dorés.

166 — Deux saucières en ancienne porcelaine tendre de Sèvres, modèle dit feuille de chou, avec fleurettes polychromes. Années 1787 et 1788.

167 — Saucière, formée d'un bourdaloue, en ancienne porcelaine tendre de Sèvres, à décor de réserves contenant des fleurs et se détachant sur un fond rose, orné de guirlandes dorées ; anse et base en bronze.

168 — Écuelle, à deux anses, avec son couvercle et son plateau en ancienne porcelaine tendre de Sèvres, décor dit feuille de chou, avec fleurs polychromes, branche formant le bouton du couvercle. Lettre *L*, année 1763.

169 — Ravier en ancienne porcelaine tendre de Sèvres, année 1757, à décor de réserves contenant des amours et des attributs en camaïeu rose et se détachant sur fond bleu marbré dit de Vincennes.

170 — Six assiettes en ancienne porcelaine tendre de Sèvres, à décor de fleurs polychromes, marli décoré de fleurettes gaufrées sous couverte, bordures de filets bleus. Lettres *L.* et *M.* Années 1763 et 1764.

171 — Tasse droite avec soucoupe en ancienne porcelaine tendre de Sèvres, à décor d'amours sur des nuages, en camaïeu rose. Décor par *Rocher*.

240 ~~172~~ — Tasse avec sa soucoupe en ancienne porcelaine tendre de Sèvres, décor d'attributs divers
dans des médaillons réservés, sur fond bleu
treillissé blanc.

40. ~~173~~ — Deux tasses en ancienne porcelaine tendre
de Sèvres, l'une droite, à bouquets de fleurs et
feuilles de chou ; l'autre, de forme dite cul-de-
poule, à bouquets de fleurs.

165 { 174 — Pot à lait en ancienne porcelaine tendre de
{ 176 } Sèvres, décoré d'un médaillon présentant un
oiseau perché sur un arbre, fond bleu dit de
Vincennes.

86 ~~175~~ — Pot à lait en ancienne porcelaine tendre de
Sèvres, à décor de roses ; bordure simulant une
draperie bleue et or.

176 — Pot à lait en ancienne porcelaine tendre de
Sèvres, décor dit feuille de chou avec fleurettes.
Année 1779.

250 ~~177~~ — Cache-pot en ancienne porcelaine tendre de
Sèvres, décor dit feuille de chou, avec fleurettes. Année 1782. Décor par *Morin*.

155 ~~178~~ — Écuelle, avec son couvercle et son plateau,

en ancienne porcelaine dure de Sèvres, à décor
de guirlandes de fleurs, dans des réserves, de
forme irrégulière, se détachant sur fond carrelé
rose et or. Décor par *Taillandier*.

179 — Statuette en ancien biscuit de Sèvres,
modelée par *Fernex :* Jeune paysan debout présentant une corbeille de fleurs ; à ses pieds, un
panier et des fleurs.

PORCELAINES DE SAXE

180 — Vase, avec couvercle ajouré, en ancienne
porcelaine de Saxe, décoré de fleurs et fruits
polychromes unis et en ronde bosse; anses-
branchages ; piédouche orné de deux figurines
d'amours ; bouton de couvercle en forme de
gerbe de fleurs.

181 — Paire de gourdes, à triple renflement, en
ancienne porcelaine de Saxe, à décor de réserves,
à sujets, de style chinois, se détachant sur un
fond jaune orné de fleurs ; bases et collerettes
en bronze.

182 — Tasse droite et soucoupe en ancienne por-

celaine de Saxe à fond jaune orné de fruits
polychromes ; bords de la soucoupe ajourés.

183 — Bassin en ancienne porcelaine de Saxe : au
fond, une vue de Rotterdam ; marli orné de
fleurs.

184 — Deux compotiers en ancienne porcelaine de
Saxe, à décor polychrome d'oiseaux, insectes
et arbustes.

185 — Compotier en ancienne porcelaine de Saxe,
décoré de fleurs en couleurs et de feuillages
gaufrés sous couverte.

186 — Pied de bouilloire en ancienne porcelaine
de Saxe ; de forme triangulaire, à trois pieds,
il est décoré de bouquets de fleurs en camaïeu
carmin, d'ornements rocaille et de fleurs en
relief.

187 — Statuette en ancienne porcelaine de Saxe :
Arlequin.

188 — Groupe en ancienne porcelaine de Saxe.
Léda, Jupiter sous la forme d'un cygne et
l'Amour.

189 — Cabaret en ancienne porcelaine de Saxe, époque de Marcolini, composé d'une théière et d'un sucrier avec leurs couvercles, d'un bol et de dix tasses avec leurs soucoupes ; décor de chrysanthèmes en couleurs et or.

190 — Jardinière de forme contournée à deux anses-branchages formant les pieds, et à décor de fleurs polychromes en relief et de petits personnages en des encadrements rocaille. Saxe.

191 — Pot de crème, décoré d'un bouquet de fleurs et de deux oiseaux. Porcelaine de Saxe.

192 — Trois pièces : deux tasses et une soucoupe en porcelaine de Saxe, décorée hors la manufacture, de fleurs, oiseaux et insectes.

193 — Deux pièces : tasse à décor d'insectes, anse en dorure et une soucoupe à décor de fleurs, vieux Saxe.

194 — Beurrier en porcelaine de Saxe, décorée hors la manufacture ; il est accompagné d'un couvercle, décoré de bouquets de fleurs, dont le bouton est formé par une rose.

PORCELAINES DE CHINE

195 — Paire de grands vases balustres, avec leurs couvercles, en ancienne porcelaine de Chine, décorés de médaillons présentant des scènes familiales et se détachant sur un fond clathré rouge et or chargé de branchages en ronde-bosse; boutons de couvercles composés de kilins assis. — Haut., 76 cent.

196 — Paire de potiches avec leurs couvercles en ancienne porcelaine de Chine, famille rose à décor de fleurs et ustensiles en relief.

197 — Paire de vases-balustres, à quatre faces, avec leurs couvercles, en ancienne porcelaine de Chine, à décor de réserves contenant des personnages unis et en relief, et se détachant sur fond granulé, dit chair de poule; petites anses dragons; boutons de couvercles en forme de kilins.

198 — Bouteille en ancienne porcelaine de Chine, décorée d'un pêcher en fleurs, réservé en blanc sur fond bleu empois.

199 — Deux vases-balustres avec leurs couvercles

en ancienne porcelaine de Chine, décorés de
réserves à fleurs et paysages sur fond granulé,
dit chair de poule, chargé de rinceaux ; anses
dragons.

200 — Paire de vases ovoïdes avec couvercles, à
décor de fleurs, rouleaux dépliés et lambre-
quins en émaux de la famille rose. Chine.

201 — Bassin en ancienne porcelaine de Chine,
famille verte ; arbustes, plantes et oiseaux à
l'intérieur et au pourtour.

202 — Vase-rouleau en ancienne porcelaine de
Chine laquée et burgautée, à décor de paysages ;
collerette et base en bronze.

203 — Deux coupes en ancien céladon turquoise
truité de la Chine, sur quadruple pied, à têtes
de béliers en bronze ciselé et doré.

204 — Trois pièces : deux très petites tasses,
famille rose, décor de fleurs, et tasse et sa soucoupe, à décor d'armoiries. Chine.

PORCELAINES ET BISCUITS VARIÉS

205 — Statuette en ancien biscuit dur : le Jardinier, il est occupé à bêcher ; auprès de lui, un panier rempli de légumes.

206 — Bas-relief en biscuit, à fond bleu : Groupe d'amours personnifiant les Arts libéraux. XVIIIᵉ siècle. Cadre en bronze doré.

207 — Deux hauts-reliefs, bouquets de fleurs, en biscuit. Encadrés.

208 — Petite corbeille, à deux anses, en ancienne porcelaine tendre de Mennecy, gaufrée sous couverte en manière de vannerie et décorée de bouquets de fleurs polychromes.

209 — Tasse et sa soucoupe en ancienne porcelaine de La Haye, à décor de bouquets de fleurs polychromes.

210 — Deux statuettes en biscuit : Vendangeur et bergère.

211 — Deux tasses et leurs soucoupes, décorées de

fleurs polychromes et rinceaux en dorure. Porcelaine de Berlin.

212 — Deux pièces : soucoupe, décor en dorure, vieux Vienne, et pot à lait, animaux et rinceaux dorés, en porcelaine.

213 — Tasse à deux anses et sa soucoupe, décor en dorure et camaïeu vert, de personnages et fleurs. Porcelaine.

214 — Service à thé, composé d'un plateau, d'une cafetière avec couvercle, d'un pot à lait, d'un sucrier avec couvercle et d'une tasse et sa soucoupe, décor d'animaux en des feuillages enguirlandés. Porcelaine de Sèvres, décorée hors de la manufacture et portant le nom de Boyer, rue de la Paix. Dans un écrin.

OBJETS VARIÉS

215 — Plaque cintrée d'en haut en émail peint de Limoges, XVIe siècle, grisaille et tons de chair, attribué à *Pierre Reymond* : Pieta.

216 — Petite plaque oblongue en émail peint de

Limoges, XVIIᵉ siècle : la Vierge vue en buste *Mater Dolorosa*.

217 — Médaillon rond en émail peint de Limoges, XVIIᵉ siècle : Saint Louis en prières, par *Bᵗᵉ Nouailher*.

218 — Coffret en bois, orné de quatorze plaques et médaillons, en émail peint, du temps de Louis XIII, à décor de fleurs.

219 — Deux petites coupes en cuivre émaillé du XVIIᵉ siècle, à décor de médaillons-bustes séparés par des génies ailés ; bordures et pieds en bronze et bois.

220 — Grande croix en cristal de roche, à monture d'argent ciselé ; base en bois noir incrustée de lapis et ornée de bas-reliefs présentant la Cène et des grappes de raisin.

221 — Pièce de surtout, formée d'un plateau sur pié-douche du XVIIᵉ siècle, en cristal de roche, décoré d'une rosace rocaille et de cannelures obliques ; sur le plateau a été rapporté un support à têtes de béliers avec second plateau en bronze.

222 — Paire de chandeliers en cristal de roche taillé à pans.

223 — Petit bol avec couvercle en jade blanc-neigeux uni de la Chine. Socle en bois noir.

224 — Coupe à deux anses en jade gris de la Chine, décor de personnages et animaux en léger relief; anses formées de feuillages ajourés pris dans la masse. Provenant du Palais d'Été.

225 — Cornet, à pans, avec renflement médian en jade gris verdâtre de la Chine, orné de nervures saillantes et de motifs irréguliers gravés. Socle en bois noir.

226 — Grande boîte en laque de Chine burgautée, décor de paysages, fleurs et oiseaux.

227 — Grande boîte en laque noir et or, à paysages. Japon.

228 — Deux petits écrans de table en ivoire sculpté, de travail chinois : Paysages animés et vases de fleurs.

229 — Deux bols en émail de Canton, à décor de sujets de style européen, sur fond chargé de rinceaux. xvii° siècle.

230 — Éventail Louis XV en ivoire, décoré de paysages en camaïeu bleu, feuille peinte, à sujets de coquillages, cygnes, fontaines, ruisseaux et arbustes.

231 — Éventail chinois en filigrane d'argent et de cuivre, feuille peinte, à décor de personnages; étui laqué.

232 — Coupe ovale, à bords festonnés, en agate blonde mamelonnée.

233 — Paire de petits vases de fleurs en cuivre, enrichis de coraux et partiellement émaillés. XVIIe siècle.

234 — Paire de chandeliers-balustres, en ébène, garnis de feuillages et sur pieds à têtes de chérubins en bronze. XVIIe siècle.

235 — Médaillon ovale en ivoire sculpté : buste de personnage entouré de laurier avec la légende: *Hans Christof Konigsmarck*. Travail allemand.

236 — Bas-relief sans fond en ivoire : saint Sébastien. XVIIe siècle. Encadré.

237 — Haut-relief en ivoire : le Bon Pasteur. Encadré.

238 — Bas-relief en ivoire sculpté : Bacchanale.

239 — Deux cadres contenant douze médaillons
bustes en ivoire : les Césars.

240 — Coffret, de forme contournée, en bois laqué
noir et incrusté de cuivre à décor de génies,
grotesques, palmettes et rinceaux ; garnitures de
bronze. XVIIe siècle.

241 — Coffret, en marqueterie d'écaille, cuivre et
nacre, à décor de rinceaux ; garnitures de bronze.

242 — Coffret laqué et burgauté, à décor de
paysages et papillons.

243 — Coffret, formé de plaques d'agate montées
bronze.

244 — Coffret en fer, orné d'arabesques dorées.

245 — Trois statuettes d'anges, en terre cuite et
bois sculpté, et peint, avec draperies de soie.
Travail napolitain.

246 — Huet. Bergères. Deux pendants. Aquarelle. Signés et datés, *1775*. Encadrés.

247 — Parcar (Pierre). Sujets tirés de l'Histoire ancienne. Dessins. Deux pendants. Signés et datés, *1780*. Encadrés.

PENDULE, BRONZES

248 — Pendule du temps de Louis XVI, à cadran tournant, en bronze ciselé et doré, en forme de vase à deux anses et couvercle ; sur le piédouche s'enroule un serpent dont le dard tient lieu d'aiguille ; base carrée également de bronze doré plaquée de lapis. Mouvement signé. *Ch^{les} Dutertre à Paris.*

249 — Paire de flambeaux, en bronze patiné et doré, en forme de vases enguirlandés et à anses têtes de béliers ; piédouches à bases carrées.

250 — Deux statuettes en bronze doré se faisant pendants : Jeune Paysanne et Chasseur assis et se regardant. Époque Louis XV. Base en marbre.

251 — Deux griffons debout, une patte levée, en

bronze à patine brune. Commencement du XIXe siècle.

252 — Deux centaures, d'après l'antique, pouvant se faire pendants, en bronze à patine brune; l'un, les bras liés par une corde, l'autre, levant une massue. Socle en albâtre oriental.

253 — Taureau cabré, en bronze à patine brune. Base en marbre.

254 — Cheval cabré, en bronze à patine brune. Base en bois.

255 — Groupe en bronze à patine brune : l'enlèvement de Déjanire. Base en bois.

256 — Paire de vases avec couvercles en bronze, à patine brune : culot décoré de feuillages; mascarons à la panse, godrons à l'épaulement. Base en marbre.

257 — Paire d'appliques à deux lumières en bronze doré, Louis XV, à décor de fleurs et feuilles; branches contournées.

130 — [illegible] /a 110
162 — [illegible] 11[illegible]

23
4? Paris 14[illegible]
2[illegible]